# BEI GRIN MACHT SICH IHR
# WISSEN BEZAHLT

AF149805

- Wir veröffentlichen Ihre Hausarbeit,
  Bachelor- und Masterarbeit

- Ihr eigenes eBook und Buch -
  weltweit in allen wichtigen Shops

- Verdienen Sie an jedem Verkauf

## Jetzt bei www.GRIN.com hochladen
## und kostenlos publizieren

Jan Knittler

# Lobbyismus in Deutschland

**Untersuchung zur Einflussnahme auf den politischen Prozess am Beispiel der Automobillobby**

GRIN Verlag

**Bibliografische Information der Deutschen Nationalbibliothek:**

Die Deutsche Bibliothek verzeichnet diese Publikation in der Deutschen National-
bibliografie; detaillierte bibliografische Daten sind im Internet über http://dnb.d-
nb.de/ abrufbar.

Dieses Werk sowie alle darin enthaltenen einzelnen Beiträge und Abbildungen
sind urheberrechtlich geschützt. Jede Verwertung, die nicht ausdrücklich vom
Urheberrechtsschutz zugelassen ist, bedarf der vorherigen Zustimmung des Verla-
ges. Das gilt insbesondere für Vervielfältigungen, Bearbeitungen, Übersetzungen,
Mikroverfilmungen, Auswertungen durch Datenbanken und für die Einspeicherung
und Verarbeitung in elektronische Systeme. Alle Rechte, auch die des auszugsweisen
Nachdrucks, der fotomechanischen Wiedergabe (einschließlich Mikrokopie) sowie
der Auswertung durch Datenbanken oder ähnliche Einrichtungen, vorbehalten.

**Impressum:**

Copyright © 2014 GRIN Verlag GmbH
Druck und Bindung: Books on Demand GmbH, Norderstedt Germany
ISBN: 978-3-656-76610-0

**Dieses Buch bei GRIN:**

http://www.grin.com/de/e-book/274959/lobbyismus-in-deutschland

**GRIN - Your knowledge has value**

Der GRIN Verlag publiziert seit 1998 wissenschaftliche Arbeiten von Studenten, Hochschullehrern und anderen Akademikern als eBook und gedrucktes Buch. Die Verlagswebsite www.grin.com ist die ideale Plattform zur Veröffentlichung von Hausarbeiten, Abschlussarbeiten, wissenschaftlichen Aufsätzen, Dissertationen und Fachbüchern.

**Besuchen Sie uns im Internet:**

http://www.grin.com/

http://www.facebook.com/grincom

http://www.twitter.com/grin_com

# Inhaltsverzeichnis

# 1. Fragestellung

Lobbyismus wird in den Medien der BRD (Bundesrepublik Deutschland) oft negativ dargestellt. [1] Die Frage, die daraus natürlich resultiert, ist, ob die Lobbyisten in Deutschland zu viel Einfluss auf den politischen Prozess in der BRD nehmen und wie dieser Einfluss legitimiert wird. In dieser Arbeit werden zuerst einmal der Begriff Lobbyismus und die Vorgehensweisen von Lobbyisten definiert und anhand der Automobillobby überprüft, inwiefern Lobbyismus aus Unternehmersicht erfolgreich sowie bezüglich demokratietheoretischer Aspekte legitim ist.

# 2. Der Lobbyismus

Unter Lobbyismus versteht man die gezielte Beeinflussung von Entscheidungen der Legislative und Exekutive durch eine oder mehrere Interessengruppen. [2] „Entscheidungen auf politischer Ebene sollen beeinflusst, herbeigeführt oder verhindert, beschleunigt oder verzögert werden."[3] Dabei besteht die Interessengruppe meistens aus einem Unternehmen, einem Verband, oder einer NPO (Non–Profit-Organisation),[4] da diese Interessengruppen organisiert ihre eigenen Interessen vertreten können sowie über die finanziellen Mittel und die nötigen Ressourcen für Lobbying verfügen. Dabei verfolgen die einzelnen Gruppen mit unterschiedlichen Zielen Lobbying. So hat ein Unternehmen meistens ökonomische Ziele beziehungsweise das Motiv den Status Quo zu erhalten um die eigene Marktposition zu bewahren.[5] Der Verband hingegen vertritt die Interessen seiner Mitglieder nach außen. Dieser vertritt daher gesellschaftliche Wertvorstellungen[6] wie zum Beispiel der BUND (Bund für Umwelt und Naturschutz Deutschland), kann aber auch ökonomische Ziele für seine Mitglieder verfolgen[7] wie zum Beispiel die VDA (Verband der Automobilindustrie). Außerdem gibt es noch die NPOs, welche die gemeinnützigen Ziele ihrer Mitglieder vertreten.[8] Zum Beispiel setzt

---

[1] vgl. Herbert Hönigsberger, Andreas Kolbe und Sven Osterberg in Marktordnung für Lobbyisten (Otto Brenner Stiftung) S. 9

[2] vgl. Gunnar Blender und Lutz Reulecke in Handbuch des deutschen Lobbyisten (Frankfurter Allgemeine Buch) S. 47

[3] Hönigsberger, H. u.a., a.a.O., S.10

[4] vgl. Blender, G. u.a., a.a.O., S. 12

[5] vgl. Johannes Lahner in Boombranche kommerzielles Lobbying? (Dr. Kovac) S. 337 f.

[6] vgl. http://www.verbaende.com/hintergruende/was_sind_verbaende.php (abgerufen am 24.03.2014)

[7] vgl. Lahner, J. a.a.O., S. 348 f.

[8] vgl. http://wirtschaftslexikon.gabler.de/Definition/nonprofit-management-1.html (abgerufen am

sich weltweit Human Rights Watch für den Schutz der Menschenrechte ein und hat daher natürlich auch Interesse daran, aktiv in der Politik mitzuwirken, um ihre Ziele in der Politik umgesetzt zu wissen.

## 3.   Die Akteure im Lobbyismus

Gerade wenn man sich mit Lobbyismus befasst, ist es nicht nur wichtig, sich mit den Interessengruppen und der Definition des Begriffs Lobbyismus auseinander zu setzen, sondern auch mit den jeweiligen Akteuren, die aktiv für ihre Interessengruppe Lobbyismus betreiben. Da für die Interessengruppen, die Lobbyismus initiieren, nicht nur die gezielte Beeinflussung der Politik im Vordergrund steht, sondern der Hauptfokus zum Beispiel bei einem Unternehmen auf dem Vertrieb von Produkten oder Dienstleistungen, Renditen Steigerung etc. liegt, beauftragen die Interessengruppen für ihre Lobbyarbeit Personen innerhalb ihrer Firma (sogenanntes „in-house Lobbying"[9]) oder outsourcen diese an externe Firmen wie „Public Affairs Agenturen"[10] oder Rechtsanwaltskanzleien[11], um ihre Interessen in der Politik repräsentieren zu lassen. Die Berufsbezeichnung Lobbyist findet man, aufgrund der in weiten Teilen der Bevölkerung vorherrschenden negativen Assoziation zu dieser Berufsbezeichnung, eher selten.[12] Stattdessen werden die Berufe je nach Interessengruppe anders genannt. Hierbei häufig anzutreffen sind Bezeichnungen wie „Leiter Politischer Kommunikation"[13] oder bei internationalen Unternehmen „Public Policy Manager"[14]. Da es allerdings keine einheitliche Bezeichnung innerhalb der vielen Lobby betreibenden Unternehmen gibt, wird im weiteren Verlauf der Facharbeit weiterhin die Bezeichnung des Lobbyisten verwendet.

---

24.03.2014)
[9]Lahner, J., a.a.O., S. 349
[10]Lahner, J., a.a.O., S. 339
[11]vgl. Lahner, J., a.a.O., S. 351
[12]vgl. Blender, G. u.a., a.a.O., S. 11
[13] Blender, G. u.a., a.a.O., S. 11
[14]Blender, G. u.a., a.a.O., S. 11

# 4. Aufgaben von Lobbyisten

Das Aufgabenfeld der Lobbyisten ist vielfältig und lässt sich grob in 3 Kernaufgaben unterteilen:

## 4.1 Aggregation und Selektion von Interessen

Vor allem bei Verbänden und NPOs gibt es eine Vielzahl von Mitgliedern mit unterschiedlichen Interessen. Die Aufgabe der Lobbyisten ist es die Interessen aller Mitglieder zu bündeln und zusammen zufassen, sodass klar ist, welche Forderungen und Ziele nach Außen vertreten werden sollen.[15] Außerdem wird nach aktueller Relevanz selektiert und fokussiert.[16]

## 4.2 Interessenartikulation

Die Artikulation von Interessen kann mittels Pressemitteilungen, Streiks, Infoveranstaltungen und vielem mehr direkt an die Massenmedien und damit an die Öffentlichkeit gerichtet sein, um so indirekt durch die Berichterstattung Einfluss auf die Politik zu nehmen, da so Probleme und deren aktuelle Relevanz vermittelt werden können. Alternativ kann man sich auch direkt mit seinen Anliegen an die verschiedenen Stellen des politischen Systems wenden. Mögliche Anlaufpunkte sind hierbei sind die Parteien, die Ministerialbürokratie oder einzelne Abgeordnete.[17]

## 4.3 Mitwirkung am politischen Prozess

Lobbyisten haben vielfältige Möglichkeiten um auf den politischen Prozess Einfluss zu nehmen. Dabei arbeiten diese häufig den Abgeordneten zu und manipulieren diese nicht, sodass deren Autonomie gewahrt bleibt.[18] Beispielsweise können für die Abgeordneten der Oppositionsfraktion kritische kleine und große Anfragen vorformuliert werden, welche der Abgeordnete nach eigenem Empfinden einreichen kann. Falls die Abgeordneten die Frage einreichen, kann so zum Beispiel die Regierung feststellen, ob in diesem Bereich noch Handlungsbedarf besteht, was im Optimalfall dazu führt, dass durch diese Anfragen das Bewusstsein für eine noch nicht erkannte Problematik

---

[15] vgl. Werner Bührer, Lothar Funk, Florian Eckert, Alexander Straßner und Ulrich von Alemann in Aus Politik und Zeitgeschichte (bpb) S. 11 f.f.
[16] vgl. Peter Lösche in Verbände und Lobbyismus in Deutschland (W. Kohlhammer) S. 15
[17] vgl. Bührer, W. u.a., a.a.O., S. 13
[18] vgl. Blender, G. u.a., a.a.O., S. 87

geschärft wird und dadurch Gesetzesentwürfe der Regierung initiiert werden, die dazu dienen der Problematik entgegenzutreten.[19] Dies ist allerdings nur eine Vorgehensweise von vielen. So können auch bei der Opposition bzw. der Regierung Gesetzesentwürfe präsentiert werden,[20] damit eine möglichst schnelle Umsetzung im eigenen Sinne erfolgt, beziehungsweise man selbst fungiert für einen Abgeordneten, eine Partei oder die Ministerialbürokratie als Berater und kann durch die eigene Interessenartikulation im Sinne seiner Auftraggeber beim Agenda Setting, bzw. bei Gesetzesentwürfen aktiv Informationen und befreundete Fachleute vermitteln.[21] Dies ist für die Politik praktisch, da diese so nicht fernab der Realität Gesetze entwickeln, über deren Ausmaß diese sich im Vorfeld nicht im Klaren waren. Kritisch allerdings wird es, wenn Abgeordnete sich nur einseitig informieren lassen. Hierbei besteht die Pflicht der Abgeordneten mit möglichst viele betroffene Gruppen zu sprechen um keine Gruppe zu stark zu bevorteilen, nur weil diese sich teure Lobbyarbeit leisten können.

## 5.  Methoden und Instrumente von Lobbyisten

Damit Lobbyisten ihre Interessen möglichst gut im politischen Prozess durchsetzen können, nutzen diese verschiedene Methoden, um einen möglichst hohen Einfluss auf die Politik zu nehmen. Die dargestellten Methoden und Instrumente sind nur eine kleine Auswahl. Die Möglichkeiten und Vorgehensweisen von Lobbyisten sind noch deutlich vielfältiger, aber die vollständige Auflistung dieser wäre zu umfangreich für diese Facharbeit.

### 5.1  Greenwashing

Unter Greenwashing versteht man das Reinwaschen des negative Image einer Interessengruppe durch bestimmte Maßnahmen, sodass der Öffentlichkeit suggeriert wird, dass das Unternehmen bzw. die Branche gut ist und kein Handlungsbedarf besteht. Dies hat unter anderem den Zweck, den Status Quo zu erhalten und möglichst keine regulierenden Gesetze befürchten zu müssen.[22] Zum Beispiel hat der Energieriese RWE im Jahre 2009 eine große Werbekampagne gestartet, in der das Unternehmen sein

---

[19]vgl. Blender, G. u.a., a.a.O., S. 88
[20]vgl. Blender, G. u.a., a.a.O., S. 92
[21]vgl. Blender, G. u.a., a.a.O., S. 47
[22]vgl. Lahner, J., a.a.O., S. 369 ff.

großes Arrangement bei erneuerbaren Energien inszenierte, obwohl diese in Wirklichkeit nur 2,4% des erzeugten Stroms des Unternehmens ausmachten.[23]

## 5.2 Grassrootslobbying

Unter Grassrootslobbying versteht man die Vorgehensweise, die Bevölkerung für das eigene Vorhaben zu mobilisieren. Häufig ist diese Vorgehensweise bei NPOs anzutreffen, die über Emails, Briefe, Webseiten und Werbekampagnen weite Teile der Bevölkerung für bestimmte Themen mobilisieren möchten, sodass eine öffentliche Debatte über die Thematik zu Gesetzesänderungen bzw. verändertem Verhalten der einzelnen Bürger führt.[24] Bekannte NPOs, die diese Art von Lobbying betreiben, sind beispielsweise Greenpeace und PETA.

## 5.3 Mulit-Voice-Lobbying

Muliti-Voice-Lobbying bezeichnet die Vorgehensweise, sein Anliegen über möglichst viele Kanäle an die politischen Vertreter zu vermitteln. Zu diesem Zweck kann ein Unternehmen zum Beispiel auch einen nahe stehenden Verband aktivieren, welcher dann ebenfalls für die gleiche politische Haltung wirbt und Interessenkoalitionen mit Firmen aus den gleichen Branchen eingehen, um gemeinsam das gleiche Ziel zu erreichen.[25] Hilfreich sind für die Lobbyisten hierbei auch so genannte Thinktanks (was im deutschen so viel bedeutet wie „Denkfabriken"[26]), die von Unternehmen finanziell unterstützt werden, um wissenschaftliche Arbeiten, die für die Argumentation sinnvoll sein könnten, auszuarbeiten. Dabei kann der Thinktank auch als eigene Initiative mit eigenen Lobbyisten als weitere Stimme auf die Politik mit einwirken,[27] sodass letztendlich eine Interessengruppe entsteht, die durch viele verschiedene Stimmen den Druck auf die Politik erhöht und diese so dazu bringt im Optimalfall im Sinne der Interessengruppe zu handeln.[28]

---

[23]vgl. http://www.spiegel.de/wirtschaft/unternehmen/greenwashing-das-maerchen-vom-gruenen-riesen-a-666984.html (abgerufen am 24.03.2014)
[24]vgl. Lahner, J., a.a.O., S. 359 ff.
[25]vgl. Lahner, J. a.a.O., S. 367 ff.
[26]https://www.duden.de/rechtschreibung/Thinktank (abgerufen am 24.03.2014)
[27]vgl. http://www.thinktankdirectory.org/blog/2009/07/18/lautstark-und-verschwiegen-die-denkfabriken-der-berliner-republik (abgerufen am 24.03.2014)
[28]vgl. Lahner, J. a.a.O., S. 367

## 5.4 Revolving-Door Prinzip und Crossing-over

Das Revolving-Door Prinzip (im Deutschen auch Seitenwechsel genannt) bezeichnet den Wechsel von Abgeordneten in die freie Wirtschaft. Die Idee hinter diesem Prinzip ist, dass Personen, welche seit Jahren oder sogar Jahrzehnten als Abgeordnete gearbeitet haben, eine Fülle an Wissen über den politischen Prozess sammeln konnten und daher besonders geeignet für künftige Berufe in ähnlichen Branchen sind. Deshalb werden Abgeordnete auch häufig nach der Politikkarriere Lobbyisten. Beim Crossing-over verläuft der Wissensaustausch andersherum; es werden also Personen aus der freien Wirtschaft in den politischen Prozess zum Beispiel in die Ministerialbürokratie eingeschleust, um dort ihr Wissen, was diese bei ihrem jeweiligen Arbeitgeber angesammelt haben, mit einzubringen. Hierbei gilt es zu beachten, dass diese Wechsel meistens zeitlich begrenzt sind und die Mitarbeiter weiter von ihrem Unternehmen finanziert werden.

## 6. Die Automobilindustrie

Die deutsche Automobilindustrie besteht aus Automobilherstellern wie VW (Volkswagen), BMW, (Bayrische Motorenwerke) und Daimler welche alle drei unter den zehn Umsatzstärksten Automobilherstellern der Welt im Jahre 2011 vertreten waren[29] und einer Vielzahl von Zulieferbetrieben. Hier sind insbesondere Bosch und der Reifenhersteller Continental aufzuzählen, welche beide zu den drei umsatzstärksten Autozulieferern der Welt gehören (Stand 2012).[30] Es fällt bei der Betrachtung von Statistiken auf, dass Deutschland mit seiner Automobilindustrie, neben Japan und den USA, weltweit eine führende Rolle einnimmt. Vor allem innerhalb Deutschlands genießt die Automobilindustrie einen besonders hohen Stellenwert. Dies wird vor allem beim Umsatzvolumen in der Höhe von 359,8 Milliarden Euro im Jahr 2012 deutlich, was die Automobilindustrie zu dem umsatzstärksten Industriezweig Deutschlands macht.[31] Außerdem arbeiteten in der gesamten deutschen Automobilindustrie im Jahr

---

[29] vgl. http://www.wiwo.de/unternehmen/auto/umsatzzahlen-die-groessten-autobauer-der-welt/6502470.html?slp=false&p=17&a=false#image (abgerufen am 24.03.2014)
[30] vgl. http://www.automobil-produktion.de/2013/07/denso-schiebt-sich-an-die-welt-spitze-der-automobilzulieferer/ (abgerufen am 24.03.2014)
[31] vgl. http://de.statista.com/statistik/daten/studie/241480/umfrage/umsaetze-der-wichtigsten-industriebranchen-in-deutschland/ (abgerufen am 24.03.2014)

2012 742.199[32] Mitarbeiter. Gerade diese beiden Zahlen verweisen auf die Relevanz der deutschen Automobilindustrie für die BRD.

Inwiefern aber übt die Automobilindustrie Einfluss auf die Politik aus und inwiefern ist diese Einflussnahme legitim?

## 7.    Die Interessenvertretung der Automobilindustrie

Die Interessenvertretung der Automobilindustrie verläuft über mehrere Kanäle. So haben alle drei Automobilhersteller sowie der Automobilzulieferer Bosch eine eigene Hauptstadtrepräsentanz mit eigenen Lobbyisten,[33] um über aktuelle Gesetzesentwürfe informiert zu sein und frühzeitig auf die Politik einwirken und ihre Interessen direkt vertreten zu können.[34] Zudem sind alle drei Automobilhersteller im VDA,[35] welcher Mitglied im BDI[36] (Bundesverband der Industrie) ist, und lassen ihre Interessen gegenüber der Politik zusätzlich über diese Verbände repräsentieren. Des Weiteren haben einzelne Firmen eine eigene Denkfabrik, wie zum Beispiel die Daimler AG die Daimler-Benz-Stiftung hat. Allein diese Denkfabrik besitzt ein Stiftungskapital von 125 Millionen Euro.[37] Es lässt sich also zusammenfassend sagen, dass alle deutschen Autohersteller die Multi-Voice-Methode verfolgen, um ihre Interessen über mehrere Kanäle an die deutsche Politik leiten zu können, damit so der Druck für die Politiker deren Handlungen zu entsprechen, wächst. Dies ist zwar für die Unternehmen gut und aus pluralistischer Sicht auf den ersten Blick legitim, auf den zweiten Blick allerdings durchaus problematisch, da sich nicht jede Interessengruppe solche kostenaufwendigen Mitgliedschaften und Hauptstadtrepräsentanzen leisten kann. Dies kann dazu führen, dass weniger finanzstarke Stimmen, welche nicht so gut organisiert sind wie einzelne Unternehmen und Verbände, unter Umständen benachteiligt werden, da diese Stimmen nicht gehört, bzw. klein geredet werden. Dies geschieht aufgrund von aufgebauten

---

[32]https://www.vda.de/de/zahlen/jahreszahlen/allgemeines/ (abgerufen am 24.03.2014)
[33]Eigene Recherche im Internet:
    http://www.volkswagenag.com/content/afb/content/de/homepage.html
    http://www.morgenpost.de/wirtschaft/article1657005/BMW-baut-neue-Hauptstadt-
    Repraesentanz.html
    http://www.bosch-stiftung.de/content/language1/html/604.asp
    http://www.daimler.com/dccom/0-5-1036779-49-1331916-1-0-0-0-0-0-9506-0-0-0-0-0-0-0-0.html
[34]vgl. Lahner, J. a.a.O., S.272 f.f.
[35]vgl. http://www.vda.de/de/verband/mitglieder/herstellergruppe1.html (abgerufen am 24.03.2014)
[36]vgl. http://www.bdi.eu/Uebersicht-aller-Mitgliedsverbaende_2801.htm (abgerufen am 24.03.2014)
[37]vgl. http://www.stiftungen.org/fileadmin/bvds/de/Presse/Pressemitteilungen/
    JahresPK_2012/Grosse_Zahlen_2011.pdf (abgerufen am 24.03.2014)

Drohkulissen wie möglicher Arbeitsplatz Abbau, wenn bestimmte Gesetzesentwürfe nicht in Kraft treten etc..

## 8.    Die „Seitenwechsel-Problematik" - Der Fall Klaeden

In Deutschland gibt es keine Karenzzeit zwischen der Beendigung eines Mandats und dem Eintreten in die Wirtschaftswelt. Dies ist aus Sicht der Abgeordneten zuerst einmal positiv zu sehen, da diese weiterhin ihr Recht auf die freie Berufswahl ausüben können. Dass dies allerdings problematisch sein kann, werde ich am Fall Eckart von Klaeden erläutern. Dieser ist in der vergangenen Legislaturperiode [38] Staatsminister im Kanzleramt gewesen [39] und hat noch während seiner Amtszeit einen Vertrag als zukünftiger Lobbyist bei Daimler unterschrieben.[40] Problematisch ist dies zuerst einmal, weil er als Regierungs-mitglied über eine Fülle von vertraulichen Informationen verfügt und falls er dieses Wissen an seine zukünftigen Arbeitgeber weitergeben würde, dieser gegenüber anderen Interessengruppen einen Zeitvorteil erlangen könnte. Durch diesen Zeitvorteil könnte die Daimler AG wesentlich früher Methoden und Strategien entwickeln um gegen mögliche Gesetzesvorhaben vorzugehen. Ob dies fair gegenüber den anderen Interessengruppen ist, ist fraglich. Des Weiteren ist es wahrscheinlich, dass ein ehemaliges Regierungsmitglied eine Reihe von Freunden und Bekannten innerhalb der eigenen Partei bzw. der eigenen Regierung hat, welche ihm vermutlich weniger kritisch gegenüberstehen werden als einem fremden Lobbyisten. Auch daraus kann die Daimler AG unter Umständen Profit ziehen, wenn dadurch Vorschläge für Gesetzesänderungen erfolgreich im Sinne der Autohersteller umgesetzt werden. Die Daimler AG hat also nicht nur einen Arbeitnehmer angeworben, sondern vielmehr ein Politiknetzwerk für zukünftige Lobbyarbeiten. Da außerdem davon auszugehen ist, dass man als Lobbyist bei Daimler besser bezahlt wird als ein normaler Abgeordneter, besteht theoretisch auch die Gefahr, dass Politiker sich Klaeden zum Vorbild nehmen und sogar gezielt auf einen gut bezahlen Seitenwechsel hinarbeiten. Hierzu könnten Sie bereits im Vorfeld im Sinne potentieller Arbeitgeber Entscheidungen treffen. Diese Vorgehensweise ist allerdings bis jetzt noch nicht aufgetreten bzw. nicht publik

---

[38] damit ist die 17. Legislaturperiode der BRD gemeint.
[39] vgl. http://webarchiv.bundestag.de/cgi/show.php?fileToLoad=3041&id=1223 (abgerufen am 24.03.2014)
[40] vgl. http://www.spiegel.de/politik/deutschland/eckart-von-klaeden-merkel-vertrauter-wird-daimler-lobbyist-a-902399.html (abgerufen am 24.03.2014)

geworden. Sie wäre allerdings besonders problematisch, da dies dann an einer Art „nachträgliche Bestechung" grenzt. Durchaus problematisch sind bereits heutzutage Seitenwechsel, bei denen ein Unternehmen wie die Daimler AG einen direkten Vorteil gegenüber anderen Interessengruppen durch das hinzugekaufte Politiknetzwerk erlangt, da dadurch eine Gleichberechtigung aller Interessengruppen, wie man es von einem Rechtsstaat erwarten sollte, nicht mehr gewährleistet wäre. Daher ist ein Seitenwechsel während bzw. unmittelbar nach einer Politikkarriere für die Findung des Gemeinwohls durch die mögliche Übervorteilung einer finanziell starken Interessengruppe, durchaus kritisch zu sehen. Deshalb wird in den Medien und in den Parteien häufig über Karenzzeiten diskutiert. Über ein mögliches Gesetzt wird bereits in der Großen Koalition beraten.[41]

## 9. Crossing-over - DaimlerChrysler im Verkehrsministerium

Vor allem unter Gerhard Schröder kam es zu einem Boom von Crossing-over Aktivitäten. Die Idee dahinter war, den Staat zu entlasten und effektiver zu gestalten.[42] Doch die Idee, Angestellte aus Profit orientierten Unternehmen bei der Arbeit der Ministerialbürokratie zeitweise zu unterstützen und bereits früh an der Gesetzgebung zu beteiligen, hat auch negative Aspekte mit sich gebracht. Dies werde ich anhand von Dr. Osterloh erläutern, welcher zwischen 2001 und 2003 im Verkehrsministerium arbeitete. Sein Hauptarbeitgeber war allerdings weiter DaimlerChrysler und während seiner Teilnahme am Austauschprogramm wurde das Milliardenschwere Projekt zur LKW Maut in diesem Ministerium vergeben, bei welcher DaimlerChrysler den Zuschlag erhielt.[43] Brisant ist dies vor allem aus dem Grund, dass Dr. Osterloh aufgrund des Austauschprogramms Zugriff auf vertrauliche Akten hatte und dies durchaus bei Weitergabe an seinen Hauptarbeitgeber DaimlerChrysler von Nutzen sein konnte.[44] Dabei stellt sich die Frage, ob DaimlerChrysler einen Vorteil gegenüber den anderen Bewerbern hatte, da diese keine Mitarbeiter im Ministerium beschäftigten und daher

---

[41]vgl. http://www.spiegel.de/politik/deutschland/karenzzeit-koalition-will-gesetz-zu-
politiker-wechsel-in-die-wirtschaft-a-943990.html (abgerufen am 24.03.2014)
[42]vgl. Sascha Adamek und Otto Kim in der gekaufte Staat (Kiepenhauer & Witsch) S.12
[43]vgl.
https://lobbypedia.de/wiki/Lobbyisten_im_Bundesministerium_f%C3%BCr_Verkehr,_Bau_und_Stadt
entwicklung#DaimlerChrysler (abgerufen am 24.03.2014)
[44]vgl. Adamek,S. u.a., a.a.O., S.150 f.f.

keinen Zugang zu vertraulichen Informationen innerhalb des Ministeriums hatten. Dies hätte nämlich zur Folge, dass nicht unbedingt das beste Unternehmen den Zuschlag für das Projekt erhielt, sondern das Unternehmen, welches durch Insider Informationen eines Mitarbeiters den besten Informationsstand hatte und daher am besten wusste, worauf es den Mitarbeitern des Verkehrsministeriums ankam. Dies würde unter Umständen bedeuten, dass die Entscheidung aufgrund von fragwürdigen Vorteilen gegenüber anderen zugunsten eines Unternehmens getroffen wurde und nicht unbedingt im Sinne des Gemeinwohls durch die Auswahl des besten Unternehmens. Noch zu erwähnen ist allerdings, dass die Problematik immer weiter rückläufig ist. So sind 2012 im ersten Halbjahr noch 62 externe Mitarbeiter beschäftigt gewesen, während im zweiten Halbjahr nur noch 48 externe Mitarbeiter beschäftigt wurden. [45]


## 10.    Parteispenden – Das Arrangement der Famile Quandt

Natürlich ist es in einer pluralistischen Gesellschaft legitim, eine Partei, die den eigenen Interessen entspricht, finanziell für Wahlkämpfe, Parteiveranstaltungen etc. zu unterstützen, damit diese im Optimalfall bei der nächsten Wahl noch erfolgreicher sein kann. Dass diese Parteispenden für die Finanzen der Parteien wichtig sind, wird am Beispiel der CDU deutlich. Bei der CDU waren die Spenden von natürlichen Personen im Jahre 2012 die viert höchste Einnahmequelle und die Spenden von juristischen Personen im Jahre 2012 die sechst höchste Einnahmequelle.[46] Darüber hinaus lässt sich sagen, dass die Partei ohne die Einnahmen sogar im Verlustbereich für das Jahr 2012 gewesen wäre. Dies unterstreicht also zu erst einmal die generelle Wichtigkeit der Parteispenden für die Parteien. Allerdings gibt es auch bei Parteispenden eine durchaus kritische Sichtweise. Hierfür wird exemplarisch die Familie Quandt genannt. Deren Familienmitglieder sind Großaktionäre bei BMW und halten 46,7% des Unternehmens.[47] Sie spendeten im Oktober 2013 690.000 Euro an die CDU.[48] Dies ist vor allem problematisch wenn man bedenkt, dass die Bundesregierung, welche zu

---

[45]vgl. https://lobbypedia.de/wiki/Lobbyisten_in_Ministerien#Entwicklungen_seit_2008 (abgerufen am 24.03.2014)

[46]vgl. http://dip21.bundestag.de/dip21/btd/18/004/1800400.pdf S.3 (abgerufen am 24.03.2014)

[47]vgl. http://www.spiegel.de/politik/deutschland/union-erhaelt-riesenspende-von-bmw-eignern-klatten-und-quandt-a-927871.html (abgerufen am 24.03.2014)

[48]vgl. http://www.bundestag.de/bundestag/parteienfinanzierung/fundstellen50000/2013/ index.html (abgerufen am 24.03.2014)

diesem Zeitpunkt unter anderem aus der CDU bestand, wenige Tage zuvor eine EU Abstimmung für stärkere CO2-Grenzwerte platzen ließ.[49] Nun kann also der Eindruck erweckt werden, dass es sich hierbei um eine finanzielle Belohnung für die richtige Entscheidung (aus der Sicht der Familie Quandt) handelt. Dies allein wäre schon fragwürdig. Noch dramatischer wäre es allerdings, wenn die CDU bereits vor der Abstimmung über eine mögliche Spende der Familie Quandt Bescheid gewusst hätte, da dann durchaus von einer Manipulation von Abgeordneten die Rede sein könnte.

## 11. Fazit

Lobbyismus ist in einer pluralistischen Gesellschaft zuerst einmal vollkommen legitim, da dies nur die Vertretung der eigenen Interessen im politischen Prozess bedeutet. So gibt es nicht nur Unternehmen die Lobbyismus betreiben, sondern auch NPOs wie Greenpeace und Human Rights Watch. Problematisch wird es allerdings, wenn eine Gruppe aufgrund des größeren Budgets wesentlich professioneller vorgehen kann und sich noch auf der legitimen Grenze befindet, allerdings in einem Bereich, der schon für die Findung des Gemeinwohls problematisch sein könnte. Hierfür sind die Multi-Voice-Methoden der großen Konzerne, die Familie Quandt, der Fall Klaeden und auch Dr. Osterloh gute Beispiele, da sich diese, nach heutiger Rechtslage, in einem legalen Rahmen bewegen. Allerdings sind genau diese Beispiele der Grund für das schlechte Image der Lobbyisten in Deutschland. Dass sich diese Fälle alle im Bereich der Automobilindustrie befinden, zeigt, dass die Unternehmen, welche den größten Industriezweig in Deutschland darstellen, ihre Interessen, mit sämtlichen legalen Mitteln die möglich sind vertreten möchten. Allerdings führt dies auch zu einer gewissen Problematik, da die Interessengruppe durch ihre immense Größe auch ein Druckmittel gegen die Politik haben. So können diese zum Beispiel damit drohen, ins kostengünstigere Ausland zu gehen, was hunderttausende Arbeitsplätze in der BRD gefährden würde. Außerdem sollte man dabei auch bedenken, dass es Unternehmen sind, welche profitorientiert handeln, daher kann die aufgebaute Drohkulisse letztlich auch zu Missbrauch führen, nur um die eigenen Gewinne weiter zu maximieren. Die Unternehmen handeln daher im Sinne ihrer Möglichkeiten und dies auch ziemlich

---

[49]vgl. http://www.spiegel.de/auto/aktuell/eu-umweltminister-vertagen-streit-um-co2-grenzwerte-a-927663.html (abgerufen am 24.03.2014)

erfolgreich, wie die Haltung Deutschlands in der EU zu stärkeren Abgasnormen deutlich macht. Damit die Gleichbehandlung aller Interessengruppen allerdings gewährleistet wird, ist zu empfehlen die kritischen Bereiche durch Gesetze weiter zu entschärfen, während sich die Problematik beim Cross-Lobbying mit der Zeit von selbst zu entschärfen scheint, da die Anzahl der Mitglieder immer geringer wird.

So sollte die Politik zur Entschärfung in den anderen Bereichen verschiedene Methoden ergreifen. Diese sind sehr vielfältig, wie zum Beispiel die Einführung von Karenzzeiten zwischen dem Wechsel von der Politik in die Wirtschaft, vor allem bei Berufen welche im Bereich der Lobbyarbeit liegen. Dass dieses Gesetz bereits in Planung ist, ist lobenswert. Auch bei den Parteispenden könnte man durch eine Reform, die in verschiedene Richtungen möglich ist, die Abhängigkeit von Parteien zu einzelnen Familien und Firmen reduzieren. Daher ist es generell gut, dass im Bereich Lobbyismus mit einem kritischen Blick auf die Akteure geschaut wird. Zukünftige Gesetze können die Situation noch weiter im Sinne des Gemeinwohls verbessern.

# Literaturverzeichnis

Bücherquellen:

1. Adamek, Sascha
   Kim Otto:                Der gekaufte Staat, Köln (Kiepenhauer & Witsch), 4.
                            Auflage, 2013

2. Bührer, Werner
   Funk, Lothar
   Eckert, Florian
   Straßner, Alexander
   von Alemann, Ulrich:     Aus Politik und Zeitgeschichte, Bonn (bpb), 2006,
                            Bestellnummer: 7615

3. Blender, Gunnar
   Reulecke, Lutz:         Handbuch des deutschen Lobbyisten, Frankfurt am Main
                            (Frankfurter Allgemeine Buch)   2.Auflage, 2004

4. Hönigsberger, Herbert
   Kolbe, Andreas
   Osterberg, Sven:        Marktordnung für Lobbyisten, Frankfurt am Main (Otto
                            Brenner Stiftung), 2011

5. Lahner, Johannes:       Boombranche kommerzielles Lobbying? Hamburg
                            (Dr.Kovac), 2013

6. Lösche, Peter:          Verbände und Lobbyismus in Deutschland, Stuttgart (W.
                            Kohlhammer), 2007

Internetquellen:

1. http://de.statista.com/statistik/daten/studie/241480/umfrage/umsaetze-der-wichtigsten-industriebranchen-in-deutschland/
2. http://dip21.bundestag.de/dip21/btd/18/004/1800400.pdf
3. https://lobbypedia.de/wiki/Lobbyisten_im_Bundesministerium_f%C3%BCr_Verkehr,_Bau_und_Stadtentwicklung#DaimlerChrysler
4. https://lobbypedia.de/wiki/Lobbyisten_in_Ministerien#Entwicklungen_seit_2008
5. http://webarchiv.bundestag.de/cgi/show.php?fileToLoad=3041&id=1223
6. http://wirtschaftslexikon.gabler.de/Definition/nonprofit-management-1.html
7. http://www.automobil-produktion.de/2013/07/denso-schiebt-sich-an-die-welt-spitze-der-automobilzulieferer/
8. http://www.bdi.eu/Uebersicht-aller-Mitgliedsverbaende_2801.htm
9. http://www.bosch-stiftung.de/content/language1/html/604.asp
10. http://www.bundestag.de/bundestag/parteienfinanzierung/fundstellen50000/2013/index.html
11. http://www.daimler.com/dccom/0-5-1036779-49-1331916-1-0-0-0-0-0-9506-0-0-0-0-0-0-0-0.html
12. https://www.duden.de/rechtschreibung/Thinktank
13. http://www.morgenpost.de/wirtschaft/article1657005/BMW-baut-neue-Hauptstadt-Repraesentanz.html
14. http://www.spiegel.de/auto/aktuell/eu-umweltminister-vertagen-streit-um-co2-grenzwerte-a-927663.html
15. http://www.spiegel.de/politik/deutschland/eckart-von-klaeden-merkel-vertrauter-wird-daimler-lobbyist-a-902399.html
16. http://www.spiegel.de/politik/deutschland/karenzzeit-koalition-will-gesetz-zu-politiker-wechsel-in-die-wirtschaft-a-943990.html
17. http://www.spiegel.de/politik/deutschland/union-erhaelt-riesenspende-von-bmw-eignern-klatten-und-quandt-a-927871.html
18. http://www.spiegel.de/wirtschaft/unternehmen/greenwashing-das-maerchen-vom-gruenen-riesen-a-666984.htm
19. http://www.stiftungen.org/fileadmin/bvds/de/Presse/Pressemitteilungen/JahresP

K_2012/Grosse_Zahlen_2011.pdf

20. http://www.thinktankdirectory.org/blog/2009/07/18/lautstark-und-verschwiegen-die-denkfabriken-der-berliner-republik-welt/6502470.html?slp=false&p=17&a=false#image

21. http://www.vda.de/de/verband/mitglieder/herstellergruppeI.html

22. https://www.vda.de/de/zahlen/jahreszahlen/allgemeines/

23. http://www.verbaende.com/hintergruende/was_sind_verbaende.php

24. http://www.volkswagenag.com/content/afb/content/de/homepage.html

25. http://www.wiwo.de/unternehmen/auto/umsatzzahlen-die-groessten-autobauer-der